GUILHERME RIBEIRO, DANIEL D'ALCÂNTARA

SAMBA JAZZ

Guilherme Ribeiro, Daniel D'Alcântara

Samba Jazz

Layout: Harald Wingerter, musiklektorat.de
Spanish Translation: Heike Bach
English Translation: Heike Bach
Cover art by Tide Hellmeister
Printed by Kohlhammer und Wallishauser GmbH, Hechingen, Germany
Production: Veronika Gruber

Order No. 18011
ISBN 978-3-89221-121-1

TABLE OF CONTENTS

ÍNDICE

CD INDEX

CD 1

Complete takes
1 Samba pro Maceió
2 Tô de Boa
3 Froggy
4 Aguaceiro
5 23/11
6 Samba Viscoso
7 Na Corda Bamba

Takes without melody and solo
8 Samba pro Maceió
9 Tô de Boa
10 Froggy
11 Aguaceiro
12 23/11
13 Samba Viscoso
14 Na Corda Bamba

Takes without harmony
15 Samba pro Maceió
16 Tô de Boa
17 Froggy
18 Aguaceiro
19 23/11
20 Samba Viscoso
21 Na Corda Bamba

CD 2

Takes without bass
1 Samba pro Maceió
2 Tô de Boa
3 Froggy
4 Aguaceiro
5 23/11
6 Samba Viscoso
7 Na Corda Bamba

Takes without drums
8 Samba pro Maceió
9 Tô de Boa
10 Froggy
11 Aguaceiro
12 23/11
13 Samba Viscoso
14 Na Corda Bamba

CD ÍNDICE

CD 1

Takes completos
1 Samba pro Maceió
2 Tô de Boa
3 Froggy
4 Aguaceiro
5 23/11
6 Samba Viscoso
7 Na Corda Bamba

Takes sin melodía y solos
8 Samba pro Maceió
9 Tô de Boa
10 Froggy
11 Aguaceiro
12 23/11
13 Samba Viscoso
14 Na Corda Bamba

Takes sin armonía
15 Samba pro Maceió
16 Tô de Boa
17 Froggy
18 Aguaceiro
19 23/11
20 Samba Viscoso
21 Na Corda Bamba

CD 2

Takes sin bajo
1 Samba pro Maceió
2 Tô de Boa
3 Froggy
4 Aguaceiro
5 23/11
6 Samba Viscoso
7 Na Corda Bamba

Takes sin batería
8 Samba pro Maceió
9 Tô de Boa
10 Froggy
11 Aguaceiro
12 23/11
13 Samba Viscoso
14 Na Corda Bamba

CD CREDITS

Recorded at SL Studio on May 1, 2008 by: Manny Monteiro; Technical Assistant: Rogério Taliba

Mixed & Mastered at RCS Arte Digital in August 2008, by: Ricardo Pacheco

Musicians:
Daniel D'Alcântara – trumpet / flugelhorn
Vítor Alcântara – saxophones
Guilherme Ribeiro – keyboards
Sizão Machado – acoustic bass
Carlos Ezequiel – drums

Produced by: Carlos Ezequiel

CRÉDITOS / CD

Grabado en el Estudio SL el 1 de mayo de 2008 por: Manny Monteiro; Asistente Técnico: Rogério Taliba

Mezclado & Masterizado en el Estudio RCS Arte Digital en agosto de 2008 por: Ricardo Pacheco

Músicos participantes:
Daniel D'Alcântara – trompeta y flugelhorn
Vítor Alcântara – saxófones y flauta
Guilherme Ribeiro – teclados
Sizão Machado – bajo acústico
Carlos Ezequiel - batería

Producido por: Carlos Ezequiel

ACKNOWLEDGMENTS

I would like to thank the students, teachers and directors of the Conservatorio e Faculdade Souza Lima & Berklee, especially Carlos Ezequiel, who entrusted me with the task of participating as author in this playalong project without ever having listened to the compositions in advance. I also say "thank you" to my familiy, above all Débora and Flora, for their understanding and patience whenever I went into seclusion in order to work and study.

Guilherme Ribeiro

AGRADECIMIENTOS

A los alumnos, profesores y directores de la Faculdade Souza Lima & Berklee, especialmente a Carlos Ezequiel que me confió la tarea de participar como autor en esta serie playalong sin haber escuchado mis composiciones. Y también a mi familia, sobre todo a Débora y Flora, por su comprensión y paciencia en los momentos del estudio y reclusión.

Guilherme Ribeiro

PREFACE

It is an honor for Souza Lima Music Education, Conservatory and College to create SL Press, and house within its faculty professionals of recognized prestige and talent. Each and every one of them is responsible for developing highly capable methods of music education, through technical and musical nuances, necessary for the intellectual, theoretical and technical growth of the students - students who seek high quality information, performance opportunities, refinement of their ideas, and living examples on how to trail the career of the professional musician. Above all, these points are fundamental to their necessities and a complement to their musical and artistic virtues.

We hope that this effort is rewarded as another form of education and as a real fountain of knowledge available to all cultures, in order to divulge the quality of Brazilian professionals and their music. May it be used in favor of the good and healthy teaching of music and be configured with importance in the good musician's formation.

Good luck with your studies and congratulations to our teachers **Daniel D'Alcântara and Guilherme Ribeiro** who have committed themselves to musical education of the highest didactic quality, putting themselves at the disposal of the students and all those who are interested, never holding back in their effort of preparing them better for professional life.

Antonio Mário da Silva Cunha
**Director of Conservatorio e Faculdade Souza Lima &
Berklee**

PREFACIO

El conservatorio "Souza Lima Ensino de Música, Conservatório & Faculdade" tiene el orgullo de dar vida al editorial SL Press y tener en su cuerpo docente a músicos profesionales tan prestigiosos y dotados.

Cada uno de ellos es responsable del desarrollo de métodos de enseñanza de música, diferenciables por sus varias matices musicales y, por eso, sumamente capacitados para el crecimiento intelectual, técnico y teorético de aquellos estudiantes que estén en busca de informaciones de alta calidad, de oportunidades de performances, de un refinamiento de sus ideas y de ejemplos vivos de cómo perseguir una carrera de músico profesional.

Es exactamente este material didáctico tan esencial que puede satisfacer las necesidades de los estudiantes y complementar sus virtudes musicales y artísticas.

Esperamos que este esfuerzo será recompensado como otra forma de enseñanza musical pero también como auténtica fuente de saber de fácil acceso para todas las culturas y así revelando la alta calidad de los músicos profesionales en Brasil. ¡Que sea empleado en beneficio de una enseñanza musical sólida y favorable y que se convierta en una parte integral de la formación profesional de buenos músicos!

A ustedes todos les deseo que tengan mucho éxito y buena suerte en sus estudios. A los señores profesores **Guilherme Ribeiro y Daniel D'Alcântara** les felicito por este libro; ellos se han dedicado plenamente a la tarea de fomentar una enseñanza musical de altísima calidad didáctica, manteniéndose personalmente a disposición de todos los estudiantes e interesados y empeñándose en prepararlos lo mejor posible para su futura carrera profesional.

Antonio Mário da Silva Cunha
**Director of Conservatorio e Faculdade Souza Lima &
Berklee**

HOW TO USE THE BOOK

I have the pleasure of presenting the new Souza Lima playalong method series. This project is the result of extensive research and careful elaboration aiming at offering representative material on the most varied styles of Brazilian music to professional musicians, students, teachers and all those who take a general interest in this field of music.

The focus of this series is on the language of instrumental music nowadays performed in Brazil, based on elements of modern improvisation. Each volume contains two CDs with seven pieces of music, which are presented in the following versions:

1. Complete takes – in other words, the full versions of the pieces included in the book, which are performed by all the instruments playing simultaneously;

2. Without melody / solo part – so that the melodic instruments can play along with the recording, executing their own interpretations and practicing improvisations;

3. Without harmony – so that the harmonic instruments can practice the language of accompaniment, especially with regard to the rhythmic vocabulary of each style.

4. Without bass – so that the bassists can practice their traditional task of accompaniment while working on the rhythmic but also the harmonic aspects;

5. Without drums – so that the drummers can practice the rhythms characteristic of each piece of music but also create their own variations.

Each book contains the scores in the form of lead sheets in four different versions: in C, Bb, Eb, and bass clef. Due to the widely defined concept of this method, it is important to point out that musicians playing transposing instruments might have to make adaptions when reading the scores. Wind instrumentalists are at liberty to carry out adjustments whenever these are called for in order to facilitate the musical execution.

The Souza Lima playalong method series was not exclusively devised for musicians to learn and practise how to read scores and accompany the recordings. Try to be creative and explore each type of music in every way possible. Transcribing solos, rhythmic comping phrases, bass lines and drum grooves, for instance, can be an important tool in order to assimilate the elements of this language. The instrumentalists may place them-

COMO USAR

Es con gran placer que presento la nueva serie Souza Lima de métodos "playalong". Este proyecto es el resultado de una extensa pesquisa y cuidadosa elaboración teniendo como meta ofrecerles a los músicos profesionales, los estudiantes, los profesores y los aficionados por lo general una colección de material representativo de los estilos más diferentes de la música brasileña.

El foco de interés de este trabajo se centra en el lenguaje de la música instrumental hecha actualmente en Brasil, basado en elementos modernos de improvisación. Cada edición contiene dos CDs con siete piezas de música presentadas en las siguientes versiones:

1. "Takes" completos – o sea, las versiones completas de las piezas contenidas en el libro ejecutadas con todos los instrumentos tocando simultáneamente;

2. Sin melodía / solo – para que los instrumentistas melódicos puedan tocar juntos con la grabación ejecutando interpretaciones y practicando improvisaciones;

3. Sin armonía – para que los instrumentistas armónicos practiquen el lenguaje de acompañamiento, principalmente en cuanto al vocabulario rítmico de cada estilo;

4. Sin bajo – para que los bajistas practiquen su función convencional de instrumentistas acompañantes elaborando tanto los aspectos rítmicos como armónicos;

5. Sin batería – para que los bateristas practiquen los ritmos que son típicos de cada una de las piezas y también para que creen sus propias variaciones.

Cada libro de la serie ofrece las partituras en formato "lead sheet" en cuatro versiones: concierto (clave de sol), Bb, Eb, y clave de fá. Es importante destacar que, debido al concepto abierto de este método, los músicos que tocan instrumentos transpositores deberían hacer adaptaciones al leer estas partituras. Instrumentistas de viento pueden tomarse la libertad de realizar ajustes cuando sea necesario para facilitar la ejecución musical.

La serie Souza Lima de métodos "playalong" no fue ideada solamente para que el músico pueda practicar leyendo las partituras o acompañando las grabaciones. Intente ser creativo y procure explorar cada pieza de música de distinta manera. Transcribir solos, frases rítmicas de acompañamiento, líneas de bajo o grooves de batería, por ejemplo, pueden ser una herramienta importante para asimilar los elementos de este lenguaje. Cada

selves in a new musical situation in addition to their traditional roles: the bass can act as a melodic or solo instrument, the piano can execute bass lines, and so on.

The complete music was recorded "live" in the studio to preserve as best as possible the spontaneous character and collective nature which are present in the most diverse genres of Brazilian music. The authors and accompanying musicians were deliberately chosen: The team unites dedicated instrumentalists known for their vast experience and true mastery of the musical style in question.

Good luck with your studies!

Carlos Ezequiel
Producer

instrumentista también puede ir más allá de su papel tradicional y colocarse en una nueva situación musical: bajistas pueden actuar como instrumentistas melódicos y solistas, pianistas ejecutan líneas de bajo, etc.

Todas las grabaciones se realizaron en vivo en el estúdio, para conservar al máximo el carácter espontáneo y colectivo que caracteriza hasta los géneros más diversos de la música brasileña. La selección de autores y músicos acompañantes bien calculada reúne instrumentistas dedicados y dotados con una extensa experiencia y un amplio dominio del estilo musical en cuestión.

¡Que tengan mucho éxito con los estudios!

Carlos Ezequiel
Producente

SAMBA PRO MACEIÓ

Guilherme Ribeiro

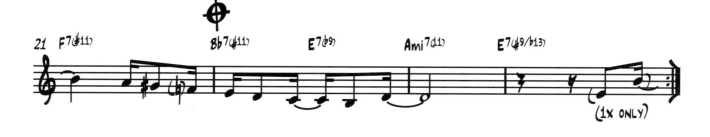

AFTER SOLOS, D.S. AL CODA

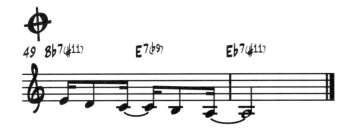

TÔ DE BOA

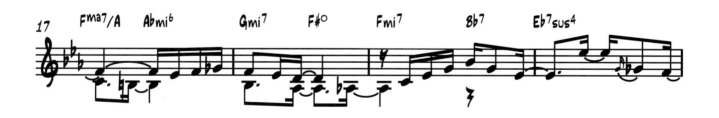

FROGGY

Daniel D'Alcântara

AFTER SOLOS. D.C. AL FINE

AGUACEIRO

23/11

Daniel D'Alcântara

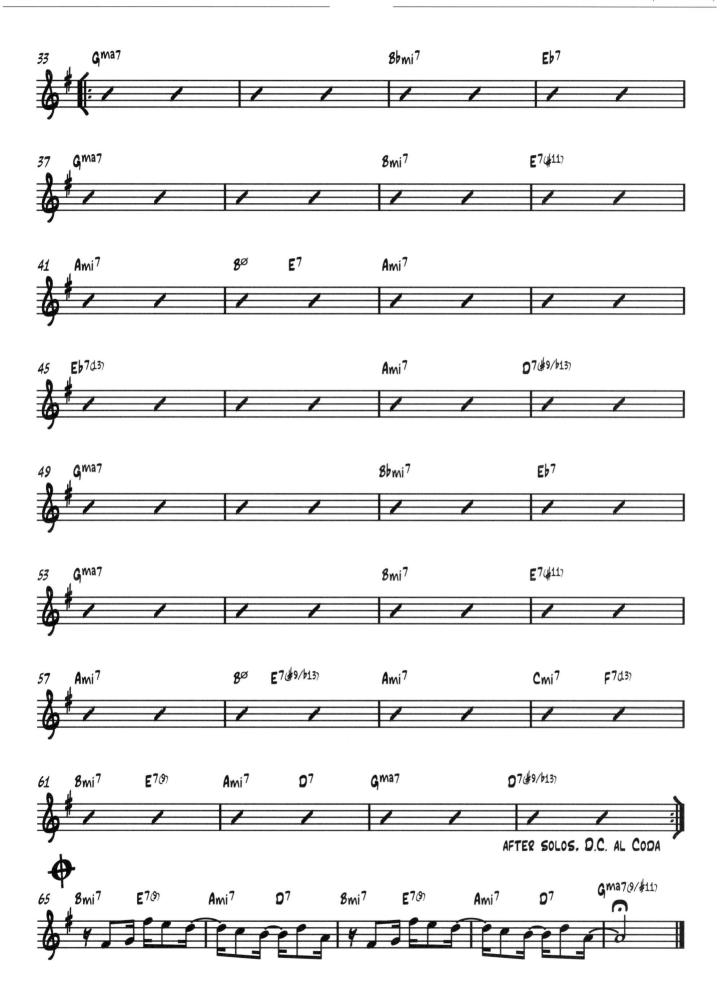

AFTER SOLOS, D.C. AL CODA

SAMBA VISCOSO

Daniel D'Alcântara

NA CORDA BAMBA

Daniel D'Alcântara

AFTER SOLOS, D.S. AL CODA

SWING

SAMBA PRO MACEIÓ

Guilherme Ribeiro

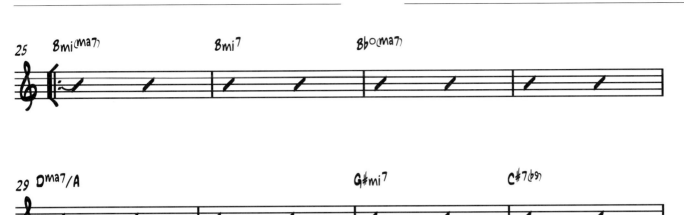

AFTER SOLOS, D.S. AL CODA

TÔ DE BOA

Guilherme Ribeiro

Fine

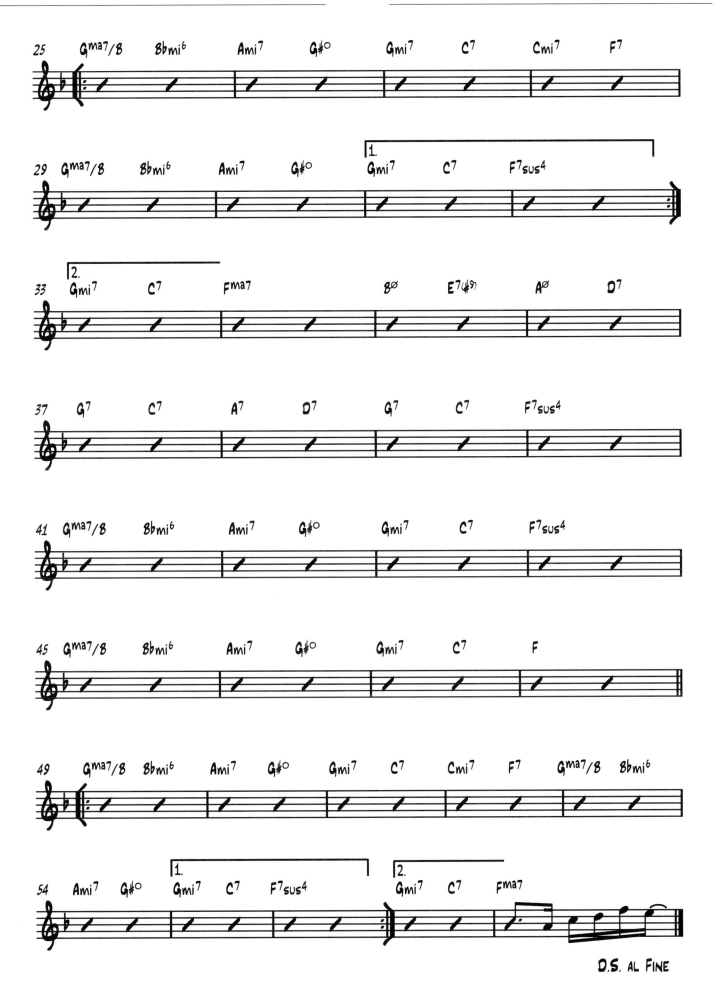

FROGGY

Daniel D'Alcântara

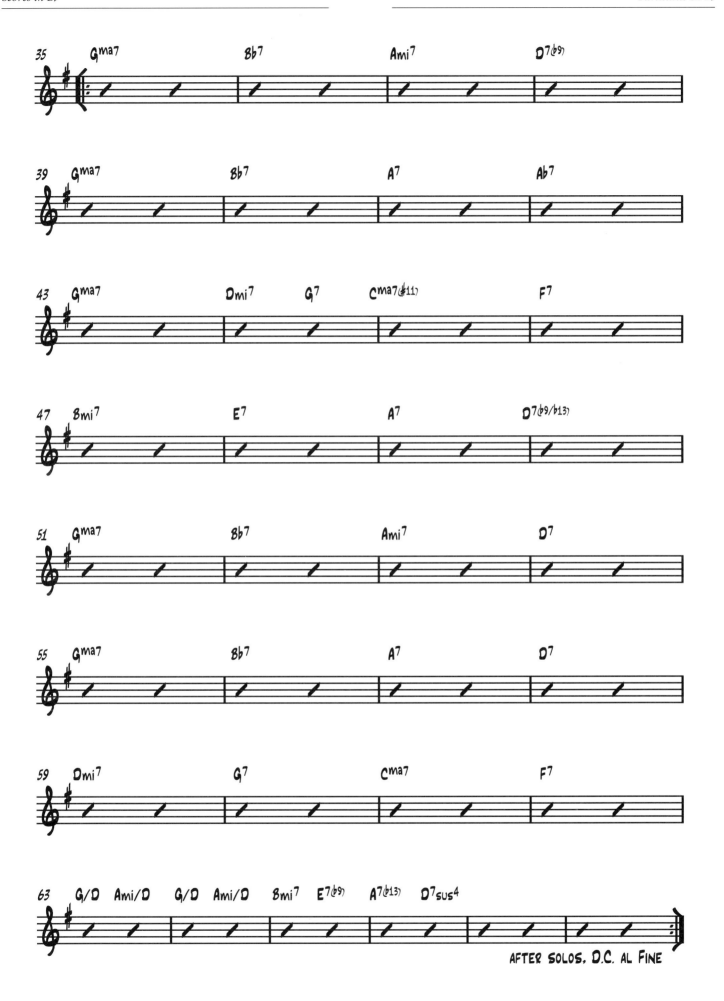

AGUACEIRO

Guilherme Ribeiro

23/11

Daniel D'Alcântara

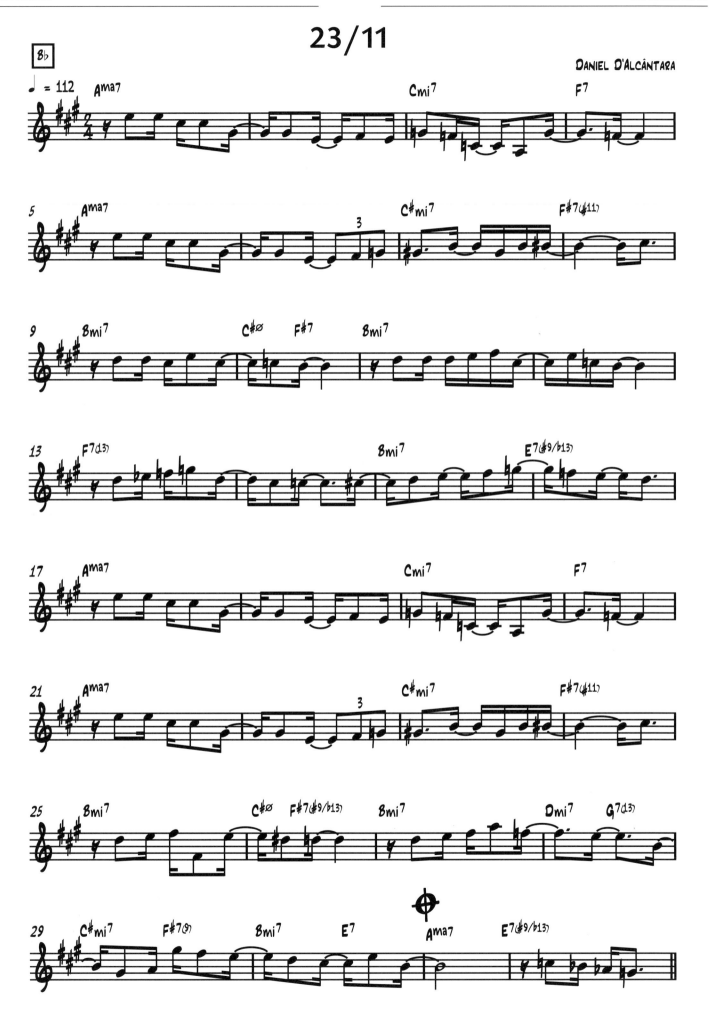

SAMBA VISCOSO

Daniel D'Alcântara

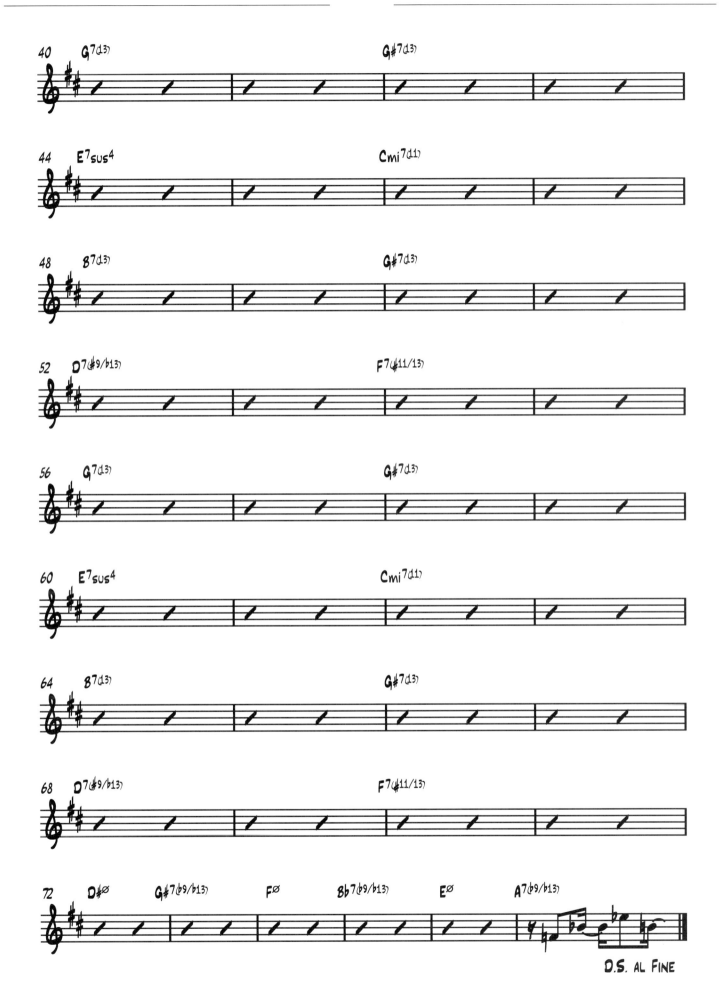

NA CORDA BAMBA

Daniel D'Alcântara

SAMBA PRO MACEIÓ

Guilherme Ribeiro

(1x only)

AFTER SOLOS, D.S. AL CODA

TÔ DE BOA

Guilherme Ribeiro

FROGGY

DANIEL D'ALCÂNTARA

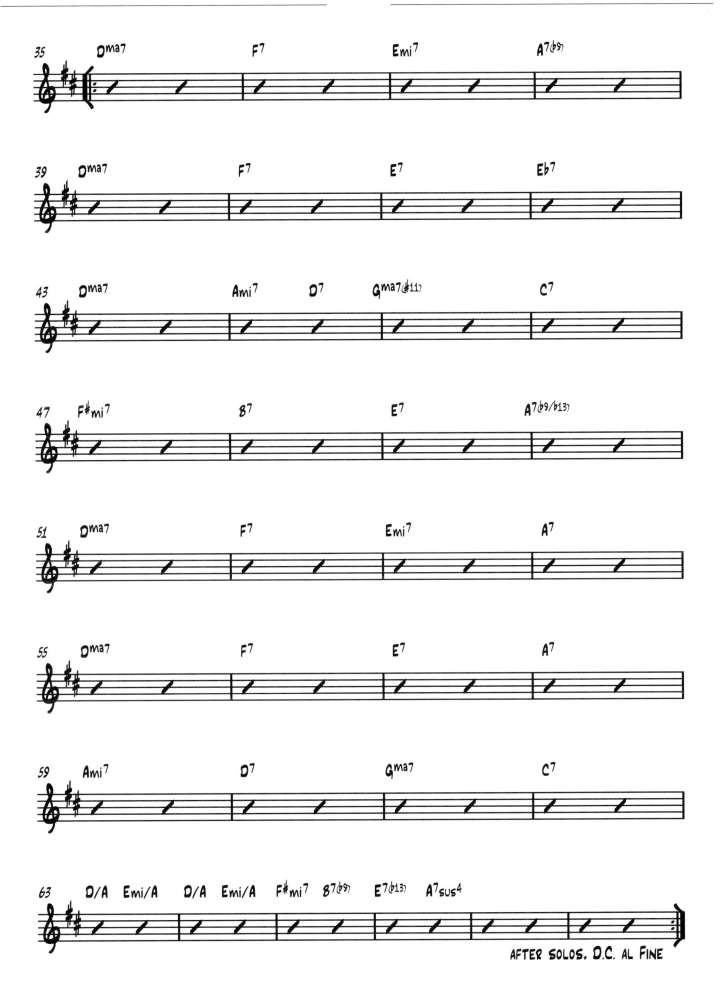

AFTER SOLOS, D.C. AL FINE

AGUACEIRO

Guilherme Ribeiro

23/11

Daniel D'Alcântara

SAMBA VISCOSO

Daniel D'Alcântara

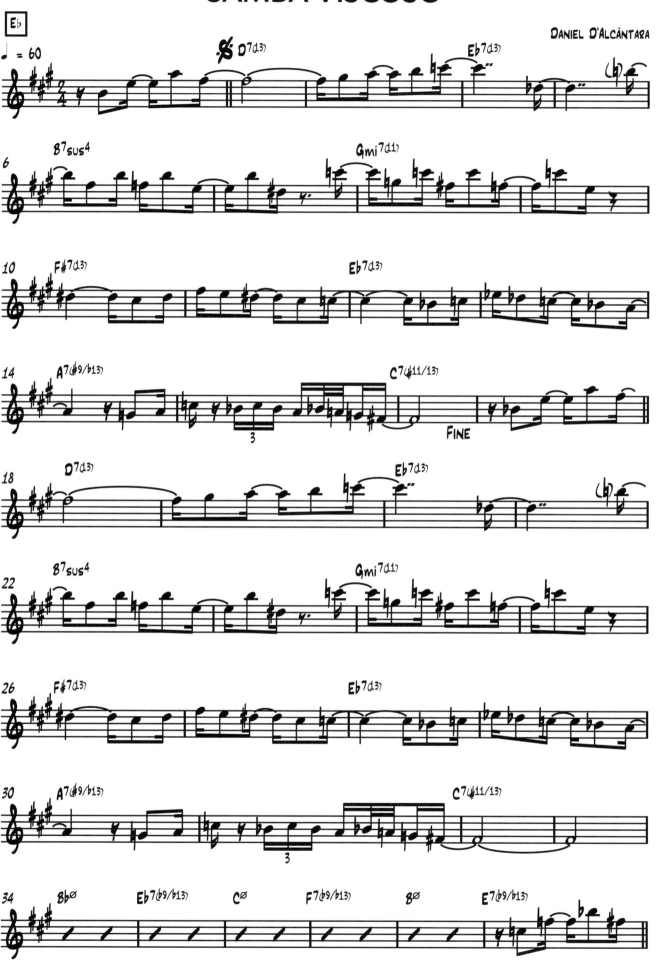

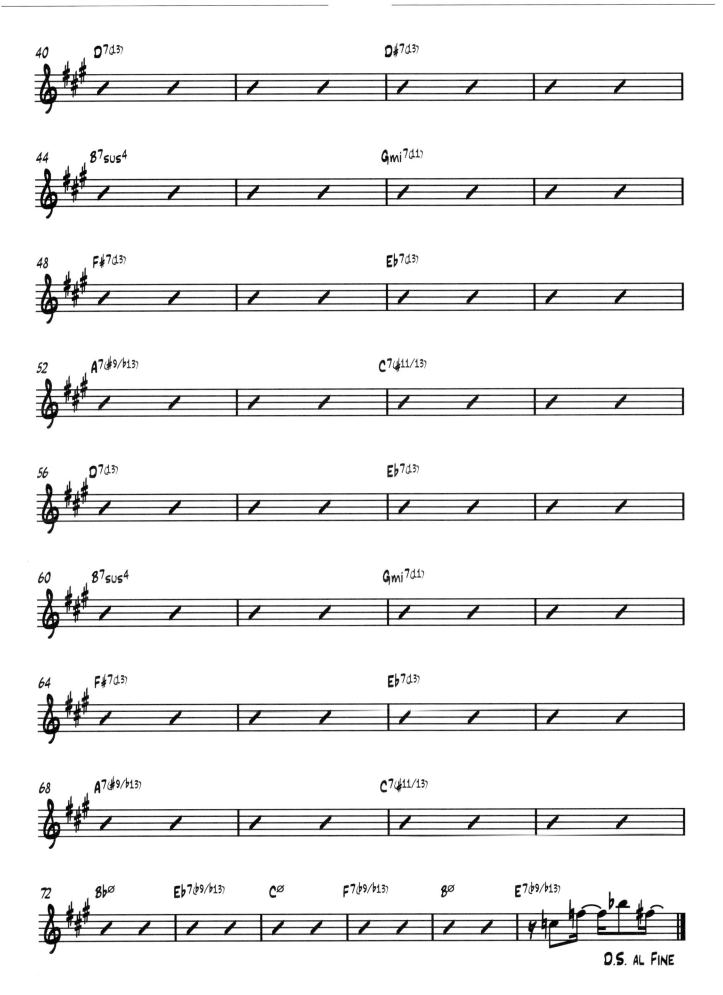

NA CORDA BAMBA

Daniel D'Alcântara

SAMBA PRO MACEIÓ

Guilherme Ribeiro

(1x only)

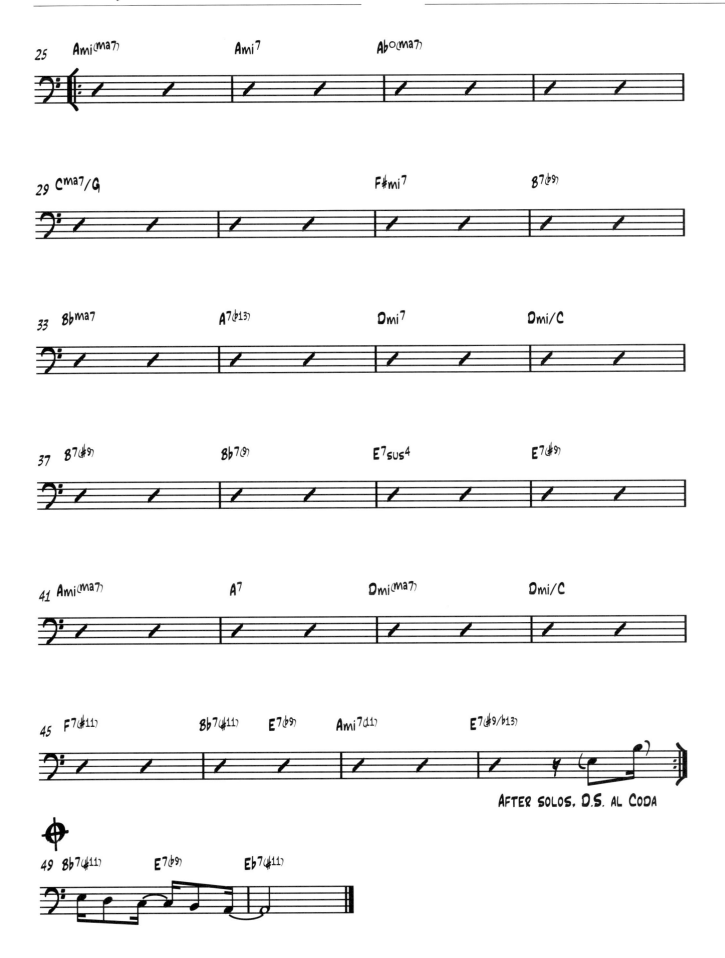

AFTER SOLOS. D.S. AL CODA

TÔ DE BOA

Guilherme Ribeiro

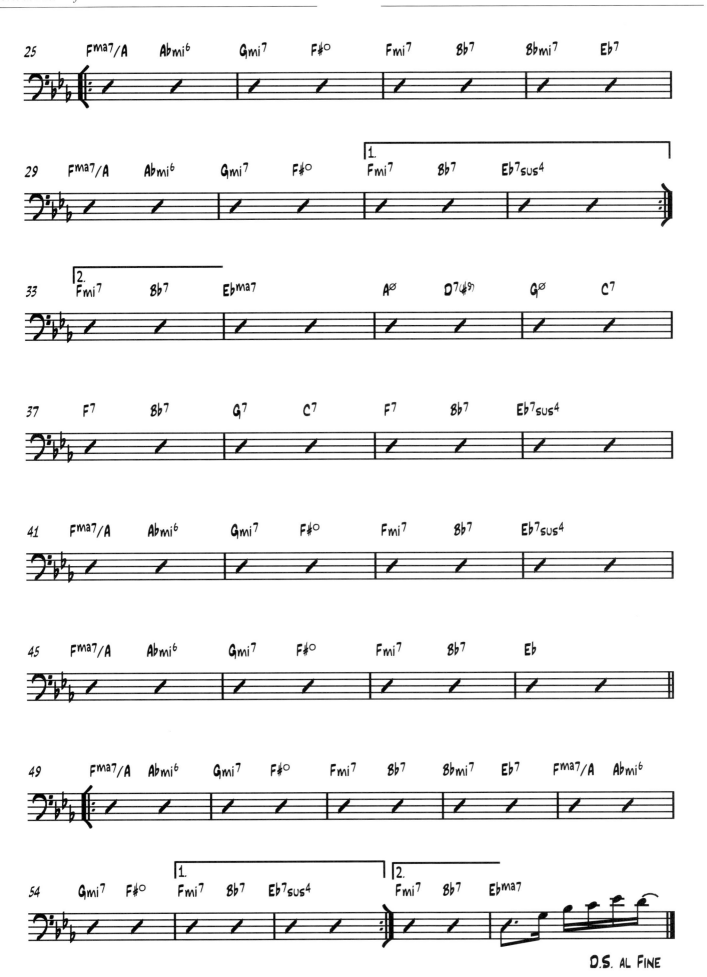

FROGGY

Daniel D'Alcântara

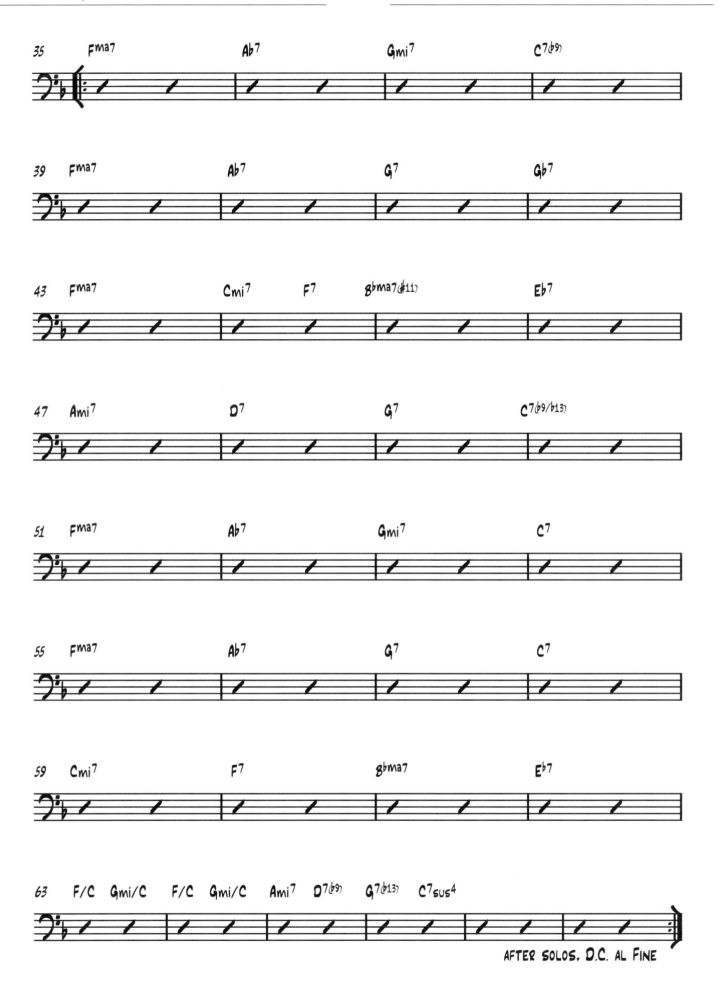

AFTER SOLOS, D.C. AL FINE

AGUACEIRO

Guilherme Ribeiro

23/11

Daniel D'Alcântara

AFTER SOLOS, D.C. AL CODA

SAMBA VISCOSO

Daniel D'Alcântara

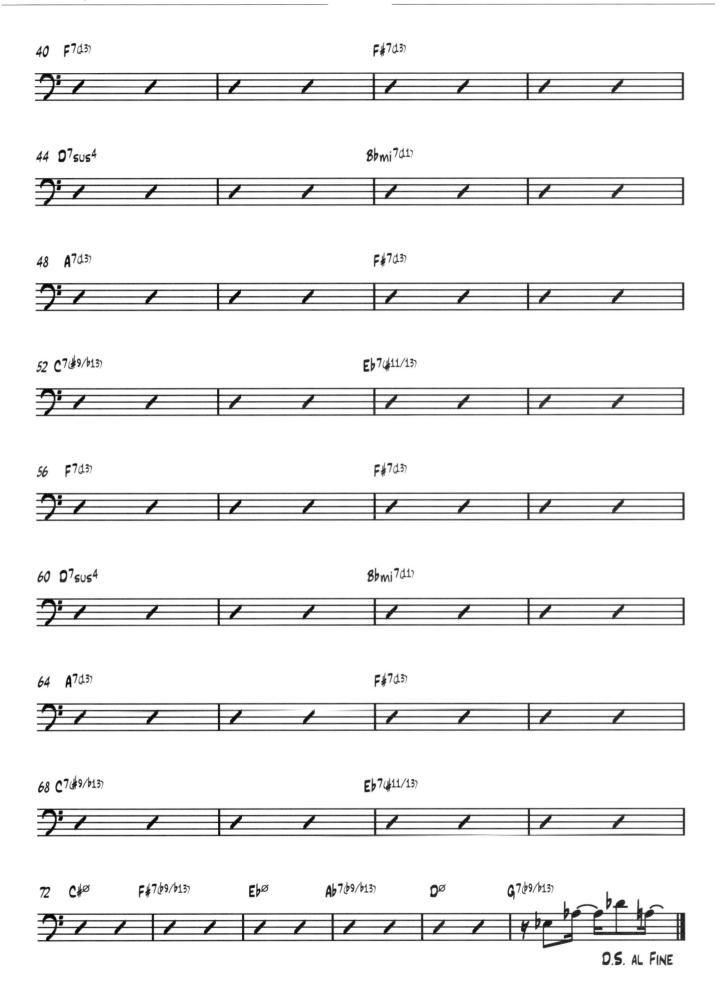

NA CORDA BAMBA

DANIEL D'ALCÂNTARA

INTERVIEW WITH THE AUTHORS

GUILHERME RIBEIRO AND DANIEL D'ALCÂNTARA

INTERVIEWED BY MARIANA SAYAD

Question: When did Samba Jazz come into existence?
Guilherme Ribeiro: Samba Jazz was born in the 1960s immediately after bossa nova had emerged. The musicians who used to play, improvise and study Northamerican jazz were seeking a different approach to Brazilian music: a little bit more "easy-going" and "relaxed", and combined with an improved interaction between the executing musicians while disregarding that notion of the mainly accompanying musician, which has often been coupled with a lack of respect, especially for bass players and drummers. In Samba Jazz, all the musicians are of equal importance to the musical context. All of them are practically soloists.

Do you agree to the statement that samba jazz is the Brazilian form of hard bop?
Daniel D'Alcântara: I fully agree to that. In my opinion, bossa nova has a lot in common with cool jazz, which was played at the West Coast of the United States by artists like Gerry Mulligan and Chet Baker. Hard bop, however, developed in a completely different way. It emerged as a much more gloomy, or bluesy, style of jazz at the East Coast, in New York, among Black musicians. It was characterized by sophisticated harmony, the be-boppers' musical mastery and improvisational skills, but all of this embedded in a much more aggressive context. It was the exact opposite of cool jazz. Samba Jazz developed contrary to bossa nova. Under the influence of Tony Williams and Elvin Jones, Edson Machado already played the ride cymbal with his right hand much more aggressively.

How did Samba Jazz influence improvisational music in Brazil?
Daniel D'Alcântara: There was improvisation before samba jazz came up, but under the influence of hard bop, the musicians endeavored to further refine their improvisational skills which had been rather underdeveloped before. On samba jazz records the solos are quite short for technical reasons; at that time, it seemed important to record as many pieces of music as possible. When playing live on stage, however, the musicians performed improvisations of longer duration in their effort to develop their own language. During that period, artists like Hermeto (Pascoal) or Heraldo (do Monte) appeared on the scene. Even though these musicians have taken a different course, they are still rooted in jazz.

ENTREVISTA CON LOS AUTORES

GUILHERME RIBEIRO Y DANIEL D'ALCÂNTARA

ENTREVISTADOS POR MARIANA SAYAD

Pregunta: ¿Cuándo surgió el samba jazz?
Guilherme Ribeiro: El samba jazz surgió en la década de los años 60 inmediatamente después de la aparición de la bossa nova. Los instrumentistas que tocaban, improvisaban y estudiaban el jazz norteamericano querían tocar la música brasileña de otra manera: un poco más "suelto" y con mayor interacción entre los ejecutantes, desatendiendo aquella idea del músico netamente acompañante, que carece principalmente de repeto sobre todo frente a los bajistas y bateristas. En el samba jazz todos los músicos tienen la misma importancia para el contexto musical. En realidad, todos son solistas.

¿Concuerdan ustedes con la afirmación de que el samba jazz sea el hard bop brasileño?
Daniel D'Alcântara: Concuerdo totalmente. En mi opinión, la bossa nova tiene muchísimo que ver con el cool jazz, que se tocaba en la Costa del Oeste estadounidense por Gerry Mulligan, Chet Baker … El hard bop fue un movimiento contrario a eso. Surgió como una forma del jazz mucho más pesada y melancólica entre los músicos negros de la Costa del Este, en Nueva York. Se caracteriza por su armonía exquisita, la habilidad de los bebopper, la destreza de las improvisaciones, pero todo esto intercalado en un contexto más agresivo - completamente opuesto al cool jazz. El samba jazz fue un movimiento contrario a la bossa nova. Bajo la influencia de Tony Williams y Elvin Jones, Edison Machado ya tocaba el ride más agresivamente con la mano derecha en la samba.

¿Cómo influenció el samba jazz el desarrollo de la música brasileña improvisada?
Daniel D'Alcântara: Ya había música improvisada antes, pero los músicos, escuchando el hard bop, comenzaron a preocuparse más y más por desenvolver el aspecto de improvisación, que hasta entonces estaba poco desarrollado. Por razones técnicas, los solos en las grabaciones de samba jazz resularon cortos, como era importante grabar un gran número de piezas de música. Cuando tocaban en vivo, improvisaban más tiempo, o sea ya se preocupaban de desarrollar un propio lenguaje. Fue en esta época que aparecieron artistas como Hermeto Pascoal o Heraldo do Monte. Aunque ellos han tomado otros rumbos, son músicos que están arraigados en el jazz.

Who are the most important exponents of this genre?
Guilherme Ribeiro: Edson Machado, Vitor Assis Brasil, Tenório Jr., Dom Salvador, Sérgio Mendes, Raul de Souza, Guilherme Vergueiro, Dom Um Romão, and others.

How did you work out this playalong method?
Guilherme Ribeiro: Carlos Ezequiel invited me to participate in this project, not only as a musician but also as a composer. I was very pleased with this offer and immediately accepted the invitation. During the process of composing, I tried to really immerse myself in this musical genre by listening to many recordings and by playing a lot; I wanted to get the right feel for this particular sound in order to be able to write the compositions. The recordings themselves were finished quite fast and, as it were, without any difficulties because all the participating musicians possessed a high level of knowledge and had a good command of this particular musical language. Therefore, everything went off very smoothly and, on top of that, it was real fun.

Which are the main difficulties musicians may encounter when performing this kind of music?
Guilherme Ribeiro: The rhythmic aspect always complicates matters a little when it comes to Brazilian music. Regarding this playalong, this might be coupled with the fact that some of the music examples are quite fast. Nevertheless, the high tempo of the music is another characteristic feature of samba jazz.

In general, harmony does not present real difficulties; but just like in jazz, one of the main characteristics of samba jazz is improvisation. Therefore, the harmonies used are often easy to assimilate so that the musician can improvise with enhanced fluency.

Why is this playalong method on samba jazz so important in your opinion?
Guilherme Ribeiro: Samba jazz is a living and dynamic style of music which re-invents itself in the course of time. We have experienced the huge interest young musicians take into this kind of music and also the appearance of instrumental ensembles devoted to this genre such as the quintet Sambazz or the pianist Kiko Continentino's trio, and the like. Therefore, it is of utmost importance for the musical education in Brazil and abroad to supply didatic material dedicated not only to study of this style itself but naturally also to its preservation and propagation within the framework of music culture as a whole.

To what extent has samba jazz influenced your own career as a musician?
Daniel D'Alcântara: I have always listened to jazz, and I have been a devotee of Brazilian music heavily influenced by samba jazz. As far as I know "samba jazz" was the name of a coterie of friends that came into existence

¿Cuáles son los artistas más importantes de este género?
Guilherme Ribeiro: Edson Machado, Vitor Assis Brasil, Tenório Jr., Dom Salvador, Sérgio Mendes, Raul de Souza, Guilherme Vergueiro, Dom Um Romão, entre otros.

¿Cómo elaboraron ustedes este playalong?
Guilherme Ribeiro: Carlos Ezequiel me invitó a participar en este proyecto no solamente como instrumentista sino también como compositor. Acepté inmediatamente esta invitación que me hizo muy feliz. Durante el proceso de composición, intenté rodearme de referencias musicales de este estilo: Escuché muchos discos y toqué mucho para poder sumergirme en esta sonoridad y finalmente componer música. Grabar la música en sí fue un proceso muy rápido y de cierto modo simple pues todos los músicos participantes poseían un alto nivel de conocimiento y dominio de este lenguaje. Así el trabajo resultó muy fácil, y además muy divertido.

¿Cuáles son las principales dificultades en la ejecución de música de este género?
Guilherme Ribeiro: El aspecto rítmico siempre as algo complicado cuando se trata de música brasileña. En el caso de este playalong, este aspecto se combina con el hecho de que algunas piezas de música sean rápidas. No obstante, el factor de velocidad también es característico del estilo de samba jazz.

La armonía por lo general no es tan complicada, pues que, como en el jazz, una de las características del samba jazz es la improvisación y, siendo así, es muy común encontrar armonías de fácil asimilación para que el músico pueda improvisar con mayor fluencia.

En su opinión, ¿cuál es la importancia de un playalong sobre este estilo?
Guilherme Ribeiro: El samba jazz es un estilo vivo y dinámico que se reinventa a través de los tiempos. No sólo hemos visto el gran interés por parte de músicos jóvenes, sino también el surgimiento de grupos instrumentales dedicados a este estilo como el quinteto Sambazz o el trio del pianista Kiko Continentino, y otros más. En este sentido, es de mayor importancia producir material didáctico dedicado a un estilo como éste no solamente para la educación musical brasileña e internacional sino también para la conservación y divulgación de este estilo en el ámbito de la cultura musical universal.

¿Cuál es la influencia de este género en su formación musical?
Daniel D'Alcântara: Yo siempre he escuchado música jazz y me ha gustado la música brasileña bastante influenciada por el samba jazz. Por lo que yo sé, esto era el nombre de una peña de amigos que se formó durante la época de la bossa nova. A ellos les gustaba tocar el jazz y estaban contagiados con el lenguaje jazzístico de la

in the bossa nova era. They liked to play jazz and were infected by the jazzy language of instrumental music, and this really captivated me. The similarities of samba jazz to the music I used to listen to were manifold: the improvisations, the arrangements, the rather traditional jazz quintet instrumentation consisting of trumpet, saxophone, bass, drumset and piano. I think that the musicians of this era such as (J.T.) Meirelles, who is the best documented artist of them all, Tamba Trio and Sambossa 5, used to perform in this jazz instrumentation to play samba while using the harmonies that were already employed by the jazz musicians in hard bop, bebop and modal jazz.

Guilherme Ribeiro: I used to listen to a lot of bossa nova and Brazilian music anyway since my father had many records and he loved this kind of music. I had a special liking for two particular trios: Tamba and Zimbo e Jongo. When I started making music myself, I was, of course, most interested in this style of music and was lucky enough to be able to play with musicians who belonged to the generation previous to mine and who had a good command of that musical language. For quite a long time, I played samba jazz in bars, nightclubs, shows and so on. There is no doubt about the fact that this genre has had a huge impact on my career.

música instrumental, y eso me fascinaba. El samba jazz tiene mucho en común con la música que yo escuchaba: las improvisaciones, los arreglos, la instrumentación de quinteto jazzística tradicional con trompeta, saxófono, bajo, batería y piano. Creo que los músicos de esa época - J.T. Meirelles, el artista más ampliamente documentado, o también Tamba Trio y Sambossa 5 - tocaban el ritmo de samba en este formato jazzístico empleando las armonías que los jazzistas ya estaban usando en el hard bop, el bebop y el jazz modal.

Guilherme Ribeiro: Por lo general, yo escuchaba mucha bossa nova y música brasileña porque mi padre tenía un montón de discos que adoraba. Además me gustaban mucho dos trios: Tamba y Zimbo e Jongo. Naturalmente, cuando empecé a tocar, concentré mi interés en este estilo y acabé por tener la suerte de trabajar al lado de músicos de una generación anterior a la mía, músicos que dominaban muy bien este lenguaje. Durante bastante tiempo pude tocar el samba jazz en bares, clubes nocturnos, shows etc. No cabe duda que este género me ha influenciado mucho.

THE AUTHORS' BIOGRAPHIES

GUILHERME RIBEIRO

The pianist, keyboarder, accordionist and composer Guilherme Ribeiro first studied classical piano at the Conservatory Pio XII at the University of the Sacred Heart in Bauru (SP / Brazil) and, later on, popular music at UNICAMP.

He has already performed together with musicians such as Nené, Oswaldinho Acordeón, Roberto Menescal, Silva Robby, Bocato,Vanessa da Mata, Fabiana Cozza, Dominguinhos, María Alcina, Moraes Moreira,Tom Zé, Luiz Melodia, Marcos Valle, Arnaldo Antunes, Joao Bosco, Sonido Scape Jazz Big Band and many more. As a performing musician, he regularly participates in a great number of recordings and concerts staged by the new generation of musicians and composers associated with the musical scene of São Paulo, such as Giana Viscardi, Ricardo Teté, Fábio Cadore, Caê Holfsen, Bruna Caram, Mateus Sartori, Tó Brandileone, Dani Black, Thaís Bonizzi, and others.

Currently, he is a permanent member not only of the bands supporting the vocalists Céu and Mariana Aydar but also of the Gabriel Grossi Trio, where he performs alongside the bandleader and harmonica player Gabriel Grossi and the drummer Serginho Machado.

He holds professorships at the international music academy Faculdade Souza Lima & Berklee and at EMESP Tom Jobim, both situated in Brazil. Among the recordings he has already taken part in are, for instance, 4321 - Giana Viscardi; Caminho Novo - Nenê Trio, Dança das Estações - Ricardo Matsuda; Uncle Charles - Sound Scape Jazz Big Band; Outono - Pollaco; Sambasó - Ramom Montagner; De Viterbo - Rubinho Antunes Quinteto; Ary, O Brasileiro - Grupo Bons Tempo; Quando o Céu Clarear - Fabiana Cozza, Vagarosa - Céu, Peixes, pássaros, pessoas – Mariana Aydar, Horizonte - Gabriel Grossi Trio.

In September 2010, he published his first CD as an accordionist – "Camaria" – a project initiated by the Brazilian Secretary of State for Culture and supported by ProAc.
www.myspace.com/guilherme.ribeiro

DISCOGRAPHY

"Peixes, Pássaros, Pessoas" – Mariana Aydar (2009) · "Vagarosa" – Céu (2009) · "Feriado Pessoal" – Bruna Caram (2009) · "Horizonte" – Gabriel Grossi Trio (2009) · "Na Gafieira" – Thiago França (2008) · "Baita Negão" – Virgínia Rosa (2008) · "Uncle Charles" – Soundscape BigBand Jazz (2006) · "Sambasó" – Ramon Montagner (2006) · "De Viterco" – Rubinho Antunes (2005) "Pollaco & Cia" – Pollaco (2003) · Um Ano Brasileiro" – José Simonian (2003) · "Caminho Novo" – Nenê Trio (2002) "Na Mesa do Samba" – Grupo Bons Tempos (2002) · "Dança das Estações" – Ricardo Matsuda (2001) · "Toda Família" – Roseli Novak (Canções Infantis) (1999) · "Estacão Santa Fe Ao Vivo" - Estacão Santa Fe (1998)

BIOGRAFIAS DE LOS AUTORES

GUILHERME RIBEIRO

Guilherme Ribeiro es pianista, tecladista, acordeonista y compositor formado en piano erudito por el Conservatorio Pio XII de la Universidad del Sagrado Corazón en Bauru (SP) y en Música Popular por la UNICAMP.

Tocó con: Nené, Oswaldinho Acordeón, Roberto Menescal, Silva Robby, Bocato, Vanessa da Mata, Fabiana Cozza, Dominguinhos, María Alcina, Moraes Moreira, Tom Zé, Luiz Melodia, Marcos Valle, Arnaldo Antunes, Joao Bosco, Sonido Scape Jazz Big Band, entre otros. Participa intensamente como músico de gran parte de los conciertos y las grabaciones de la nueva generación de intérpretes y compositores de la escena musical en São Paulo, tales como: Giana Viscardi, Ricardo Teté, Fábio Cadore, Caê Holfsen, Bruna Caram, Mateus Sartori, Tó Brandileone, Dani Black, Thaís Bonizzi entre otros.

Actualmente integra las bandas de las cantantes Céu y Mariana Aydar, además de integrar el Gabriel Grossi Trio, al lado del intérprete de harmónica que da nombre al grupo y del baterista Serginho Machado.

Es profesor de la Facultad Internacional Souza Lima & Berklee y de la EMESP Tom Jobim. Participó de la grabación de cds como 4321 - Giana Viscardi; Caminho Novo - Nenê Trio, Dança das Estações - Ricardo Matsuda; Uncle Charles - Sound Scape Jazz Big Band; Outono - Pollaco; Sambasó – Ramom Montagner; De Viterbo - Rubinho Antunes Quinteto; Ary, O Brasileiro - Grupo Bons Tempo; Quando o Céu Clarear - Fabiana Cozza, Vagarosa - Céu, Peixes, pássaros, pessoas - Mariana Aydar, Horizonte - Gabriel Grossi Trio, entre otros.

En septiembre del 2010, lanzó Calmaria, su primer CD autoral como acordeonista, proyecto que fue concretado por la Secretaria de Estado de la Cultura, a través del ProAC.

www.myspace.com/guilherme.ribeiro

DISCOGRAFÍA

DANIEL D'ALCÂNTARA

Daniel D'Alcântara started his musical studies with his father, the trumpet player Magno D'Alcântara and received his bachelor in trumpet playing at the University of São Paulo (ECA-USP). From 1992 to 1998, he was a member of the Orquestra Experimental de Repertório. He took part in various music events, including the Campos do Jordão Winter Festival (2000), the Brasilia Summer Festival (2000 and 2001), the Tatuí Winter Festival (SP) (2002 and 2004), and the Curitiba Oficina de Música (2006). Moreover, he was member of the faculty staff of the Tatuí Music Conservatory and taught, for instance, popular trumpet playing in Popular Brazilian Music for five years (1997 – 2002). He participated in the Brazilian tours of the rock musicians Deep Purple and Alice Cooper, but he also accompanied great Brazilian artists such as João Donato, Roberto Menescal, Ivan Lins, Leny Andrade, Joyce, Claudete Soares, Filó Machado, Rosa Passos, Milton Nascimento, Max de Castro, Pedro Mariano, Eugenia Melo and Castro.

In the year 2001, he recorded his first CD, "Horizonte", in cooperation with the drummer Edu Ribeiro. He took part in the 2003 Chivas Jazz Festival as one of the nine members of the American saxophonist Lee Konitz' band. As a soloist, he was invited to participate in two world premieres staged by the Orquestra Jazz Sinfônica: Alexandre Mihanovich's work "Thaddeus" in 2004, and Cyro Pereira's work "Brasilianas No. 4" during the Campos de Jordão Winter Festival in 2005, under the direction of the composer himself.

Since April 2005, he has offered workshops on Brazilian instrumental music at the invitation of the company Weril, producer of musical instruments, at a number of conservatories and universities in various European countries: Italy, France, Germany, Great Britain, Russia, Belgium, Estonia and Spain. At present, he is working as a lecturer at the Centro de Estudos Musicais Tom Jobim (Centre of Musical Studies Tom Jobim - ULM) and the Conservatory Souza Lima & Berklee. In 2007, he was one of the Brazilian musicians who constituted the big band to perform the works of the composer and conductor Maria Schneider at the Jazz Festival of Ouro Preto-Minas Gerais under the direction of the composer herself. He is a steady member of Soundscape Big Band Jazz and often takes part in recording sessions and concerts of Brazilian instrumental music. His second CD "Lote 502" (www.mendigorecords.org), which he recorded assisted by some of the best jazz musicians of São Paulo, is scheduled to be released this year.

www. myspace.com/danieldalcantara
daniel.dalcantara@uol.com.br

DANIEL D'ALCÂNTARA

Daniel D'Alcântara, bachiller en trompeta de la Universidad de São Paulo (ECA- USP), empezó sus estudios musicales con su padre, el trompetista Magno D'Alcântara. De 1992 a 1998, fue miembro de la Orquestra Experimental de Repertório. Participó en varios eventos musicales, incluido el Festival de Invierno de Campos do Jordão (2000), el Festival de Verano de Brasilia (2000 y 2001), el Festival de Invierno de Tatuí / São Paulo (2002 y 2004), la Oficina de Música de Curitiba (2006), además de haber sido miembro del cuerpo docente del Conservatorio Musical de Tatuí como profesor de trompeta popular / MPB (Música Popular Brasileña) durante cinco años (1997 – 2002). Participó en giras de música rock en Brasil con la banda Deep Purple y el cantante Alice Cooper aparte de haber acompañado a grandes artistas nacionales brasileños como João Donato, Roberto Menescal, Ivan Lins, Leny Andrade, Joyce, Claudete Soares, Filó Machado, Rosa Passos, Milton Nascimento, Max de Castro, Pedro Mariano, Eugenia Melo y Castro.

En 2001, grabó su primer CD, "Horizonte", junto con el baterista Edu Ribeiro. Participó en el Chivas Jazz Festival 2003 con el noneto del saxofonista americano Lee Konitz. Le invitaron a participar como solista en dos estrenos mundiales de la Orquestra Jazz Sinfônica: "Thaddeus", obra de Alexandre Mihanovich, representada en 2004 y "Brasilianas No.4", obra de Cyro Pereira, representada durante el Festival de Invierno de Campos do Jordão en 2005 (bajo la dirección del compositor mismo).

Por invitación de la fábrica de instrumentos musicales Weril, Daniel D'Alcântara ofrece workshops sobre música instrumental brasileña desde 2005 en diversos conservatorios y universidades en Europa, pasando por países como Italia, Francia, Alemania, Inglaterra, Russia, Bélgica, Estonia y España. Actualmente trabaja como profesor en el Centro de Estudios Musicales Tom Jobim (ULM) y la Faculdade Souza Lima & Berklee. En 2007 participó en la big band formada por músicos brasileños para ejecutar las obras de la directora y compositora Maria Schneider (bajo la dirección de la compositora misma) en el Festival de Jazz de Ouro Preto-Minas Gerais. Es miembro de la orquesta Soundscape Big Band Jazz y participa frecuentemente en la grabaciones y shows de música instrumental brasileña. Para este año está previsto el lanzamiento de su segundo CD, "Lote 502" (www.mendigorecords.org), grabado con la participación de grandes músicos de la escena jazzística de São Paulo.

www.myspace.com/danieldalcantara
daniel.dalcantara@uol.com.br

DISCOGRAPHY   ## DISCOGRAFÍA

"Romance" – Rosa Passos (2008)
"Horizonte Artificial" – Sinequanon (2008)
"Poportugal" – Eugenia Melo e Castro (2007)
"Luz da Lua" – Alex Buck (2006)
"Thiago" – Thiago Espirito Santo (2005)
"Já To Te Esperando" – Edu Ribeiro (2005)
"Foto do Satélite" – Arismar do Espirito Santo (2005)
"Cartas Brasileiras" – Edsel Gomez (2005)
"Uncle Charles" – Soundscape Big Band Jazz (2005)
"Desconstrução" – Eugenia Melo e Castro (2004)
"Horizonte" – Edu Ribeiro / Daniel D'Alcântara (2003)
"Non-Stop to Brazil: Charito Meets Ivan Lins" – Charito (2002)
"Paz" – Eugenia Melo e Castro (2002)
"Samba Salsa & Groove" – Stroeter & HB Big Band (2001)
"Caixa Preta" – Bissamblazz Magno Bissoli & Ensemble Brasileiro (2001)
"Maybe September" – Soundscape Big Band Jazz (2000)
"Abracadabra" – Bizzamblazz Magno Bissolo & Ensemble Brasileiro (1999)
"Quinto Elemento" – Sizão Machado (1999)
"Celebrating Chico Buarque de Hollanda" – Edsel Gomez (1999)

Daniel D'Alcântara

LISTENING RECOMMENDATIONS

Following you will find a selection of records which we consider important examples and references on Samba Jazz:

DISCOGRAFÍA RECOMENDADA

La lista siguiente contiene algunos de los discos que consideramos importantes referencias del samba jazz:

"Impacto" – Hector Costita (1964)
"Sambossa 5" & "Zero Hora" – Sambossa 5 (1964/1965)
"O Som" – J.T. Meirelles (1964)
"O LP" – Os Cobars (1964)
"Embalo" – Tenório Jr. (1964)
"Coisas" – Moacir Santos (1965)
"Samba Novo" – Edison Machado (1965)
"Reencontro" – Sambalaco Trio (1965)
"À Vontade Mesmo" – Raul de Souza (1965)
"Som 3" – Som 3 (1966)
"Rio 65 Trio" 1965 & "A Hora e a Vez da M.P.M" – Rio 65 Trio (1966)
"Quarteto Novo" – Quarteto Novo (1967)
"Brazilian Adventure" – Hermeto Pascoal (1970)
"The Legacy" – Vitor Assis Brasil (1970)
"Maestro" – Moacir Santos (1973)
"Saudade" – Moacir Santos (1974)
"Slave Mass" – Hermeto Pascoal (1977)
"Porto dos Casais" – Nenê Trio (1998)
"Celebrating Chico Buarque de Hollanda" – Edsel Gomez (1998)
"Rio" - Raul de Souza (1998)
"Quinto Elemento" – Sizão Machado (2001)
"Horizonte" – Edu Ribeiro & Daniel D'Alcântara (2001)
"Caminho Novo" – Nenê Trio (2002)
"Samba Jazz!!" – J.T. Meirelles & os Copa 5 (2002)
"Um Dois Trio" – Um Dois Trio (2002)
"Emotiva" – Hélio Delmiro (2003)
"Corrente" – Trio Corrente (2003)
"Quarteto" – Michel Leme (2004)
"Já To Te Esperando" – Edu Ribeiro (2005)
"Foto Do Satélite" – Arismar do Espirito Santo (2005)
"De Viterbo" – Rubinho Antunes (2005)
"Revoada" – Vinicius Dorin (2005)
"Trio Corrente" – Celso Almeida / Fabio Torres / Paulo Paulelli (2005)
"Luz da Lua" – Alex Buck (2005)
"Hemisférios" – Thiago Espirito Santo (2006)
"Trocando Idéias" – Michel Leme / Alex Buck (2006)
"São Mateus" – Marcos Paiva MP6 (2007)
"A Firma" – Michel Leme (2007)

FACULDADE DE
MÚSICA SOUZA LIMA

Souza Lima Music Conservatory and College is one of the most highly renowned educational establishments in Brazil. It hosts frequent events like workshops, master classes, festivals, concerts, and conventions.

Souza Lima's website offers weekly news from the music world, a TV and radio program and an electronic magazine that all serve as sources of information for musicians. Beyond this, Souza Lima actively participates in international festivals and congresses. Since 1998, it has maintained an exclusive partnership with Berklee College of Music in Boston, USA. Within the framework of this cooperation, students complete their first two years of the Berklee program at Souza Lima and then transfer their credits to conclude the four-year course of study in the United States.

Brazilian music is one of the most important parts of this country's cultural heritage. It is rhythmically, melodically, and harmonically rich. These three characteristics are dealt with in great detail in the book on hand and are being developed in depth from the point of view of technique.

Souza Lima is an institution dedicated to the teaching of music by renowned musicians. The school offers courses around the world as well as exchange programs, workshops, and master classes to its students.

The Souza Lima College program offers courses in popular and classical music. Vacation courses attend to the needs of foreign students who wish to learn more about Brazilian music.

For more information, please contact:
www.souzalima.com.br
www.editorasouzalima.com.br

FACULDADE DE
MÚSICA SOUZA LIMA

La "Faculdade de Música Souza Lima" es uno de los institutos de enseñanza más renombrados de Brasil. Frecuentemente acoge eventos como talleres, máster classes, festivales, conciertos y convenciones.

La página web de Souza Lima presenta noticias semanales sobre el mundo de la música, un programa de televisión y de radio así como una revista electrónica – todo esto sirve de fuente de información para músicos. Adicionalmente, Souza Lima participa activamente en festivales y convenciones internacionales.

Desde 1998, la institución mantiene relaciones de colaboración con el Berklee College of Music en Boston / EE.UU., lo cual les ofrece a los estudiantes la oportunidad de completar los primeros dos años del programa Berklee en la Faculdade de Música Souza Lima y después transferir sus créditos para concluir los cuatro años de estudios en Estados Unidos.

La música brasileña constituye una parte importante del patrimonio cultural de este país. Es una música rica en ritmo, melodía y armonía. En este libro, aquellos tres factores son desarrollados con todo detalle desde el punto de vista técnico.

Souza Lima es una escuela dedicada a la enseñanza musical impartida por músicos reconocidos. La escuela ofrece cursos en todo el mundo y, a sus estudiantes, programas de intercambio, talleres y máster classes.

Los estudios en el conservatorio de Souza Lima comprenden cursos en música popular y clásica. Entre otros, también se ofrecen cursos de vacaciones encargándose de las necesidades de estudiantes extranjeros que desean aprender más sobre la música brasileña.

Si usted desea más informaciones, véase:
www.souzalima.com.br
www.editorasouzalima.com.br

TIDE HELLMEISTER

The artist Tide Hellmeister created the covers of the first six books published by Souza Lima.

Beyond being considered a master of collage, he has been strongly influenced by typography and painting, the traces of which are easily recognizable in his works.

Among other things, he is the author of the books, "Tide Hellmeister, Restless Collage" (Infólio Editors) and "Denudation – A Typographical Adventure" (Ed. Gráficos Burti).

Tide has won various national and international prizes and is considered by critics to be an extremely creative artist whose works are, on the whole, marked by his daring style and originality.

TIDE HELLMEISTER

El artista Tide Hellmeister creó las cubiertas de los primeros seis libros publicados por Souza Lima. Además de ser considerado como maestro del colage, ha sido influenciado fuertemente por la tipografía y la pintura, huellas de las cuales se pueden reconocer sin dificuldad en sus obras.

Él es, entre otros, el autor de los libros "Tide Hellmeister, Restless Collage" (Infólio Editors) y "Denudation – A Typographical Adventure" (Ed. Gráficos Burti).

A Tide Hellmeister le han sido otorgados varios premios nacionales e internacionales y los críticos le consideran como un artista sumamente creativo cuya obra se caracteriza en gran parte por su osadía y originalidad.